W0373063

Chopin d'après G. Sand
Solange Clésinger
Albert Grzymala
Maurice Sand en 1848
George Sand 1864
Delacroix 1842
Jules Sandeau en 1830
Louis Viardot
Tourguenier
Flaubert 1858

Sur les pas de

George Sand

DIRECTION ÉDITORIALE
Victor Loupan

DIRECTION ARTISTIQUE
Sargologo

SUIVI ÉDITORIAL
Séverine Courtaud

FABRICATION
Denis Lanson

PHOTOGRAVURE
Nord Compo, Villeneuve d'Ascq

IMPRESSION
Mame à Tours, France

tout au bout de l'allée
l'Atelier d'Ary Scheffer –
rue Chaptal –

Gonzague Saint Bris

Sur les pas de George Sand

Illustrations de
Philippe Lorin

PRÉFACE

Sur les pas de George Sand

Mettre ses pas « dans les pas de George Sand », je l'ai fait depuis ma petite enfance : nous étions voisines. Elle habitait le sud du Berry, je vivais dans le nord du Limousin. Lorsque, rentrant de Paris en voiture, nous quittions les plaines de la Champagne berrichonne, mon père nous montrait à l'horizon une ligne de collines, plus vertes, plus touffues. « La Vallée noire », disait-il, et nous savions, alors, que nous approchions du terme du voyage : au-delà de ces collines du Boischaut – pas encore assez sombres, assez sauvages, à mon goût, pour mériter le beau nom que Sand leur avait donné –, ce serait enfin la Creuse. La Creuse avec ses « montagnes », ses torrents, ses fougères, ses bruyères, ses éboulis de granit, et le désordre chevelu de ses haies et de ses taillis, le mystère de ses moulins tapis dans l'ombre des vallées, le lacis invisible de ses chemins creux, cachés sous les noisetiers. Le royaume des arbres et des eaux. Pays impénétrable, secret, tout entier « à couvert ».

De ce pays-là, qu'elle surnommait « la petite Suisse », George Sand avait parlé aussi : elle se plaisait, quittant Nohant ou son pied-à-terre de Gargilesse, à y faire ce qu'on appelait en ce temps-là « des excursions pittoresques » ; elle y comptait aussi quelques amants – à commencer par l'Aubussonnais Jules Sandeau dont elle reçut son nom de plume – et beaucoup d'amis qu'elle allait visiter, s'installant parfois chez eux plusieurs semaines pour y planter le décor d'un roman.

Nos routes se croisaient sans cesse : George était venue « chez nous », et nous remontions volontiers vers son Boischaut, plus « urbain » que notre rude province. Emplettes à La Châtre, baignades dans la Gargilesse, déjeuners à l'auberge de Lys-Saint-Georges, théâtre en plein air dans les ruines de Cluis, processions de Pâques à Neuvy, « jour de fête » à Sainte-Sévère, escapades au château de Sarzay, célébration de la pomme de terre à Crevant, de la vielle et des vielleux à Saint-Chartier : dès l'âge tendre, nous marchions à notre insu sur les traces de tel ou tel héros sandien, nous suivions les chemins que, jeune « garçonne » ou digne grand-mère, elle avait si souvent empruntés.

Et puis, pour finir ou commencer nos « tournées » berrichonnes, il y avait toujours, ou presque toujours, Nohant, la visite à Nohant. Qu'on n'aille surtout pas voir dans ce « toujours » le signe d'une lassitude ! J'avais découvert Nohant à neuf ans, en même temps que je faisais la connaissance de la maîtresse des lieux, déjà très âgée : Aurore Sand, la petite-fille préférée de l'écrivain. À cette époque, Nohant était encore une demeure privée, habitée, et, avec mon père, je n'y étais pas entrée en touriste mais en invitée. Aujourd'hui, Nohant est un musée. Pourtant, je n'ai jamais pu me déprendre de ma première impression : cette maison est habitée, cette maison est vivante, et nous y sommes attendus.

Depuis ma neuvième année, j'ai bien dû visiter et faire visiter Nohant une soixantaine de fois ; jamais avec le sentiment d'accomplir une corvée, ni même un pèlerinage, mais avec l'illusion, éternellement renouvelée, de revenir dans ma famille : chez une parente un peu éloignée, une cousine de province (dont on prétend, « mais chut ! », que dans sa jeunesse, à Paris, elle aurait beaucoup rôti le balai...), une tante à la mode de Bretagne, mal mariée, divorcée, qu'on ne voit plus aussi souvent qu'on voudrait, mais qui ne vous reproche rien et, sitôt la grille franchie, vous embrasse comme du bon pain, et vous prend la main, vous conduit à la cuisine : « Viens te chauffer, tu dois être fatiguée, ah les voyages, la vie de Paris, moi aussi j'ai connu ça, mon pauvre petit ! Tu mangeras bien quelque chose, tiens, je viens de finir mes confitures... »
Et, brusquement, vous vous apercevez que c'est auprès d'elle, comme elle, que vous auriez aimé vivre, que cette pionnière, cette solitaire, cette femme forte, cette « déclassée » si gentiment rangée, a été votre modèle, que Nohant est votre rêve d'enfant, que Nohant est votre aboutissement : le retour « au pays », la belle maison des champs, les petits-enfants qui courent dans le jardin, les amis de Paris qui s'arrêtent en passant, les vieux amants, les grandes « tablées », les confidences, les fous rires, le jour, tout le jour, donné au plaisir, à l'amitié, à la vie – et la nuit, les nuits, toutes les nuits, à l'écriture.

« Sur les pas de George Sand » : comment Gonzague Saint Bris et Philippe Lorin allaient-ils pouvoir m'apprendre quelque chose sur une femme dont je croyais connaître tous les chemins ? Pari gagné, pourtant. Sans doute, une affaire de cadrage, de prise de vue. Les villages, les étangs, les châteaux qui m'étaient familiers, Philippe Lorin, dont il faut saluer ici le grand talent d'aquarelliste, nous les montre sous un angle différent – d'un coin de rue, du fond d'une cour, de derrière un arbre – et, soudain, nous les voyons pour la première fois ! Quant à Gonzague Saint Bris, romancier et historien, il parvient, en éclairant les paysages par l'œuvre et l'œuvre par les paysages, en multipliant les citations peu connues, les détails précis ou insolites, à nous donner envie de relire les lieux et de revisiter les romans.

Suivons-les donc, l'un et l'autre, sur les pas de cette infatigable promeneuse qui allait de livre en livre comme on marche d'arbre en arbre, et musait à travers les pages comme dans les allées d'une forêt.

Françoise CHANDERNAGOR
de l'Académie Goncourt

George Sand par
Auguste Charpentier (1838)

Musée de la Vie romantique, Paris

Nohant, le crépuscule de George et l'Aurore de Sand

Le XIXe siècle est pour la littérature un siècle de géants. Dans cette suite grandiose d'auteurs aux talents éclatants, George Sand a plus que sa place et aujourd'hui, deux cents ans après sa naissance, alors que sa réputation littéraire est aux portes du Panthéon, avec cette vision mystique de la République qui fut la sienne, nul ne peut écrire : « George cendres. » Le feu qui l'a animée est devenu un incendie qui consume aujourd'hui tous ceux qui la célèbrent et commémorent une vie si fructueuse qu'elle a laissé derrière elle vingt-cinq mille lettres, huit volumes de biographie, quatre-vingt-cinq livres, des pièces de théâtre, des carnets intimes, des agendas, soit plus d'une centaine d'œuvres aux braises encore brûlantes. Sa vie, ce n'est pas seulement celle d'une femme libre, c'est plutôt l'existence d'une statue de la liberté en mouvement qui anticipe la plupart des combats de notre temps. Au point que le révolutionnaire russe Mikhaïl Bakounine pourra proclamer : « Elle n'est pas seulement poète, mais prophète. »

Née à Paris en 1804, Aurore Dupin de Francueil, fille d'un officier de l'Empire, passe son enfance à Nohant dans le Berry. En 1822, elle a dix-huit ans et elle épouse Casimir Dudevant. Après ce mariage raté, elle cherche sa voie et c'est Jules Sandeau qui la lui révèle quand ils écrivent ensemble un roman intitulé *Rose et Blanche*. La jeune femme lui doit aussi ce pseudonyme de George Sand, en partie inspiré de son nom à lui, que va illustrer une abondante production romanesque commencée en 1832 avec *Indiana*.

Sa carrière littéraire se découpe en quatre temps.

D'abord elle publie des romans romanesques et romantiques « inspirés des orages de la passion qui agitent sa vie » où elle allie à ses revendications féministes et à sa rébellion contre les préjugés sociaux un lyrisme qui rend toute sa noblesse à la terre. C'est *Lélia,* c'est *Mauprat*.

À partir de 1840, influencée à la fois par le mysticisme humanitaire de Lamennais et par la philosophie de Pierre Leroux, elle publie des romans d'inspiration socialiste ou même mystique. C'est *Le Compagnon du Tour de France*, c'est *Le Meunier d'Angibault*, c'est *Consuelo*.

1848 sera pour elle l'année des écrits politiques. Elle était féministe sans être suffragette – « tant qu'on n'a pas émancipé l'homme, on ne peut pas émanciper la femme » –, et de même que George Sand s'est engagée pour la Déclaration des droits de l'homme, elle est également l'auteur de la Déclaration universelle des devoirs du citoyen. Même ses proclamations politiques mettent le feu à la « langue de bois ». Plus elle est personnelle, plus elle est universelle ; plus elle est politique, plus elle est romantique :

« Si mon père est l'arrière-petit-fils d'Auguste, roi de Pologne, je tiens du peuple d'une manière tout aussi intime et directe ; de plus il n'y a pas de bâtardise de ce côté-là ! Ma mère était une pauvre enfant du pavé de Paris. Son père était maître paulmier et maître oiseleur, c'est-à-dire qu'il vendait des chardonnerets et des serins sur le quai des Oiseaux. Le sang des oiseaux se trouve donc mêlé dans mes veines au sang des pauvres et des petits. »

Depuis qu'elle s'est installée à Nohant en 1839, ses sentiments démocratiques l'amènent à exprimer un vif intérêt pour les paysans du Berry qu'elle connaît depuis sa plus tendre enfance. C'est dans cette ligne qu'en 1846 elle publie son premier roman champêtre, *La Mare au diable*, que vont suivre *François le Champi* en 1847, *La Petite Fadette* en 1848 et *Les Maîtres sonneurs* en 1853, chef-d'œuvre du roman champêtre où les peintures du paysage accompagnent le panorama des pulsions humaines. Enfin, après avoir publié la dizaine de volumes de ses souvenirs sous le titre *Histoire de ma vie*, elle reviendra sous le second Empire aux romans romanesques comme *Les Beaux Messieurs de Bois-Doré*.

George Sand considère que son art est la voie royale pour exprimer ses sentiments et cela reste vrai du romantisme exalté de sa jeunesse au socialisme sentimental et humanitaire de sa maturité. Contre Flaubert, elle défendra les droits du cœur en littérature, car pour elle : « L'art n'est pas une étude de la réalité positive ; c'est une recherche de la vérité idéale. » Beaucoup de ceux qui aiment George Sand craignent qu'en célébrant, comme Sainte-Beuve, ses romans champêtres sous l'étiquette de « géorgiques bien françaises », on ne réduise son génie à une dimension locale avec meneurs de loups et jeteurs de sort. Mais, justement, nous pensons que son enracinement dans le Berry profond n'est pas une manière de la cantonner à un coin obscur de la planète, mais au contraire de l'attacher à un territoire immense et à une internationalisation des passions qui la relie aussi bien aux labours des plaines de Russie qu'aux moissons des espaces américains. D'ailleurs, n'est-ce pas Victor Hugo lui-même qui, s'adressant à elle, écrivait : « Vous avez un diamètre d'horizon qui n'appartient qu'aux aigles » ?

Car dans le tableau de son terroir, si la description paraît dominer, c'est la méditation face à la beauté, la poésie et la grandeur de la nature qui émet le plus fort des messages. Chez elle, ainsi que l'explique encore Victor Hugo, « la forme, c'est le fond qui remonte à la surface ». En célébrant le travail des champs comme dans l'épisode des laboureurs de *Jocelyn*, George Sand sait, et c'est tout son talent, atteindre l'universel. Il n'y aura que les esprits authentiquement étroits pour proclamer qu'en réveillant les traditions rustiques, les scènes pittoresques, le parler berrichon et les saveurs du terroir, elle ne dispose pas d'une vision ouverte et d'une inspiration illimitée.

Voilà sans doute pourquoi la maison d'écrivain et la géographie sentimentale qui l'entourent prennent chez George Sand un sens bien plus important que chez n'importe quel auteur. Rarement une femme de génie s'est authentifiée autant à sa demeure. C'est la raison pour laquelle nous vous offrons aujourd'hui une *balade en Berry* qui est aussi, grâce aux talentueuses aquarelles romantiques de Philippe Lorin et à ses dessins aux graphismes rigoureux, un voyage parmi les images fondatrices de son œuvre.

Nohant, c'est le souvenir de l'enfance, c'est la maison des amours, c'est le manoir des amis, c'est le lieu-dit de la création, c'est l'alpha et l'oméga de l'œuvre de George Sand. Nohant, c'est le crépuscule de George et l'Aurore de Sand.

« Messieurs, dans trois cents ans, on lira Madame Sand »

Aujourd'hui, à l'orée de 2004, l'année nationale dédiée à George Sand met en perspective les deux cents ans qui nous séparent de sa naissance et nous conduisent à tirer les conclusions d'un contraste flagrant ; celui de la modestie de l'auteur quant au rayonnement de sa propre œuvre à l'avenir, par rapport à la prémonition de ses contemporains sur le futur de sa célébrité. Car si elle écrit : « Moi, je crois que dans cinquante ans, je serai oubliée et peut-être durement méconnue », Ernest Renan affiche une prédiction contraire. Il n'hésite pas, devant les hommes de lettres réunis chez Magny le 11 mai 1863, à prophétiser solennellement : « Messieurs, dans trois cents ans, on lira Madame Sand. » Renan retrouve l'éclat de sa parole prophétique lors de la péroraison de son éloge funèbre de l'écrivain : « On l'aimera, on la recherchera avidement, quand il ne sera plus ce pauvre XIXe siècle que nous calomnions, mais à qui il sera un jour beaucoup pardonné. George Sand alors ressuscitera et deviendra notre interprète. Le siècle n'a pas ressenti une blessure dont son cœur n'ait saigné, pas une maladie qui ne lui ait arraché des plaintes harmonieuses. » Tout cela est finalement arrivé, mais il a été long, le chemin de la reconnaissance. Il a fallu cent ans en effet pour que *Consuelo* soit réédité – c'était le vœu du philosophe Alain qui plaçait cette œuvre au-dessus du *Wilhelm Meister* de Goethe ; il a fallu cent seize ans pour que réapparaisse la première édition d'*Histoire de ma vie* et ce fut seulement quand s'ouvrirent pour elle les portes de La Pléiade. Mais le grand mouvement du monde lui avait déjà dit oui. Pour Chateaubriand, elle est le « lord Byron de la France ». Pour Honoré de Balzac, « elle a du génie et mène une de ces existences exceptionnelles que l'on en saurait juger comme les existences ordinaires ». Pour Alexandre Dumas fils : « Elle pense comme Montaigne, elle rêve comme Ossian, elle écrit comme Jean-Jacques. Léonard dessine sa phrase et Mozart la chante. Madame de Sévigné lui baise les mains et Madame de Staël s'agenouille quand elle passe. » Enfin, pour l'écrivain irlandais Oscar Wilde : « Elle manifesta toujours le respect le plus profond pour l'aristocratie de l'intelligence, mais la démocratie de la souffrance la touchait davantage. » En Russie, elle est une icône. Et sur les terres de l'Empire slave, elle reçoit les blés dorés de la moisson de son humanitarisme fraternel : « Elle était une de nos saintes », écrivit Tourgueniev à son ami Souvarine au moment de sa mort. Quant à Dostoïevski, il témoignait : « Encore adolescent, je fus frappé comme tout le monde par la chaste et sublime pureté de ses personnages, de ses idéaux, par le charme pudique du ton austère et retenu de ses récits. » De son rocher de Guernesey, Victor Hugo lui lance : « La lumière est où vous êtes, Madame. » Et l'on pourrait lui donner le mot de la fin puisqu'il n'hésite pas à la qualifier de « plus grande des femmes, peut-être même de tous les temps ». Quant à Flaubert, qui l'appelait « ma chère maître », plusieurs années après la parution de son roman *Jacques*, il jugeait encore ce livre le plus beau qu'il eût jamais lu. Si Balzac, qui allait faire de Sand une héroïne de son roman *Beatrix* à partir de la réalité des amours de Liszt et de Marie d'Agoult, se méfiait de ses théories philosophiques, il admirait profondément son œuvre pure. Mais revenons à Renan. C'est lui qui a le mieux parlé d'elle. Le 11 juin 1876, il écrit dans *Le Temps* : « Sa mort me paraît un amoindrissement de l'humanité ; quelque chose manquera désormais à notre concert ; une corde est brisée dans la lyre du siècle. »

La femme moderne

Quelle femme fut George Sand et en quoi est-elle une femme moderne ? À ces deux questions, elle répond elle-même, en son temps, d'une façon parfaite en un seul texte.

En écoutant la couleur de sa voix, « mate et voilée, sans aucun timbre sonore mais douce et agréable », on la voit apparaître telle qu'elle était et telle qu'elle nous revient avec le murmure de son âme habitée. Telle qu'elle était quand Alfred d'Orsay s'adressait à elle en ces termes : « Vous êtes une très chère femme, indépendamment d'être le premier homme de notre temps. » Telle qu'elle nous revient, dessinée par Émile Zola : « Une largeur de traits et des yeux magnifiques qui lui donnaient un caractère de beauté énergique et tranquille. » Ses yeux noirs fendus en amande, son nez droit, ses lèvres minces, son abondante chevelure couleur de jais, sa taille souple et élancée de bonne marcheuse et de grande cavalière, adorant la baignade en rivière, nous la présentent telle une sportive avant la lettre.

Ainsi est George Sand telle qu'elle se regarde avec cette beauté naturelle dépourvue de toute coquetterie :

« Je ne pus jamais m'astreindre à soigner ma personne. Autant j'aime l'extrême propreté, autant les recherches de la mollesse m'ont toujours paru insupportables. Se priver de travail pour avoir l'œil frais, ne pas courir au soleil quand ce bon soleil de Dieu vous attire irrésistiblement, ne pas marcher dans de gros bons sabots de peur de se déformer le cou-de-pied, porter des gants, c'est-à-dire renoncer à l'adresse et à la force de ses mains, se condamner à une éternelle gaucherie, à une éternelle débilité, ne jamais se fatiguer quand tout nous commande de ne point nous épargner, vivre enfin sous une cloche pour n'être ni hâlée, ni gercée, ni flétrie avant l'âge, voilà ce qu'il me fut toujours impossible d'observer... Je n'eus qu'un instant de fraîcheur et jamais de beauté. Mes traits étaient cependant assez bien formés, mais je ne songeai jamais à leur donner la moindre expression. L'habitude contractée, presque dès le berceau, d'une rêverie dont il me serait impossible de me rendre compte à moi-même me donna de bonne heure l'air bête. Je dis le mot tout net, parce que toute ma vie, dans l'enfance, au couvent, dans l'intimité de la famille, on me l'a dit de même, et qu'il faut bien que cela soit vrai.

« Rien ne m'empêchera de faire ce que je dois, et ce que je veux faire. Je suis la fille de mon père et je me moque des préjugés, quand mon cœur me commande la justice et le courage. Si mon père eut écouté les sots et les fous de ce monde, je ne serais pas l'héritière de son nom : c'est un grand exemple d'indépendance et d'amour paternel qu'il m'a laissé. Je le suivrai, dût l'univers s'en scandaliser. Je me soucie peu de l'univers...

« Nul n'a été plus outragé et plus calomnié que moi, et nul ne s'est cramponné avec plus de douleur et de force à l'espoir d'une justice céleste. »

C'est ainsi, avec autant de force que de subtilité, que George Sand est à l'aurore du combat pour la femme. Georges Buisson, administrateur du palais Jacques-Cœur à Bourges et du domaine de George Sand à Nohant, remarque : « Elle trouve une place originale dans le combat pour l'émancipation des femmes ». Elle considère qu'il ne faut pas isoler les femmes du reste de la société. Dans le *Bulletin de la République* n° 12, elle écrit : « L'homme n'est pas libre, comment la femme pourrait-elle aspirer à l'être plus que lui ? » Pour Sand, c'est avant tout le manque d'instruction et la misère qu'il faut combattre et ces maux sont aussi bien ceux des hommes que des femmes. Elle se bat pour l'abrogation du code Napoléon et proclame : « L'opinion n'admettrait pas que l'on puisse accorder un droit d'expression politique à un être qui se trouve sous la tutelle et dans la dépendance de l'homme par le mariage. » George Sand avait une puissante vision de la République et de ses symboles forts. Elle est par ailleurs la première femme de son temps et de sa condition à avoir conquis sa liberté et son indépendance par le travail. Toute sa vie, elle écrira cette œuvre magistrale à la fois pour vivre et aussi pour transmettre ses idées : « La femme a nécessairement subi la lourde part de cette oppression accablante que la misère exerce sur l'âme et sur le corps. Condamnée par la nature à la douleur physique, au travail terrible et sacré de la maternité, c'est elle particulièrement que la société eût dû entourer d'une protection digne de ses fonctions augustes. »

Contemplons maintenant le caractère autant que l'aspect physique de George Sand dans le regard d'un homme. Il s'agit de Heinrich Heine, qui nous donne un portrait profond de l'auteur de *Lélia,* détaillant tous ses traits, offrant une vision complète de l'éclat de sa beauté charnelle, tout en exprimant la nature singulière de sa lumière intérieure. De ce corps présent que nous livre dans ces pages un poète germanique à Paris, il reste comme une enveloppe floue qui s'envole par-delà les siècles pour nous dire sa vérité, son âme et son aura. C'est un portrait digne de la Joconde, réalisé avec la plume plutôt que le pinceau, que nous donne ici ce grand artiste, dans un halo étrange, respectant son mystère, cultivant son énigme, mais livrant en même temps le sens de ses secrets : « Son front n'est pas haut, et sa riche chevelure du plus beau châtain tombe des deux côtés de la tête jusque sur ses épaules. Ses yeux sont un peu ternes, du moins ils ne sont pas brillants : leur feu s'est peut-être éteint par des larmes fréquentes ou peut-être a-t-il passé dans ses ouvrages, qui ont répandu leurs flammes brûlantes par tout l'univers et embrasé tant de têtes de femmes : on les accuse d'avoir causé de terribles incendies. L'auteur de *Lélia* a des yeux doux et tranquilles, qui ne rappellent ni Sodome ni Gomorrhe. Elle n'a pas un nez aquilin et émancipé, ni un spirituel petit nez camus ; son nez est simplement un nez droit et ordinaire. Autour de sa bouche se joue habituellement un sourire plein de bonhomie, mais qui n'est pas très attrayant ; sa lèvre inférieure, quelque peu pendante, semble révéler la fatigue des sens. Son menton est charnu, mais de très belle forme. Aussi ses épaules sont belles et même magnifiques ; pareillement ses bras et ses mains, qui sont extrêmement petites, ainsi que ses pieds. Quant aux charmes de son sein, je laisse à d'autres contemporains l'outrecuidance de les décrire. »

au 5 square d'Orléans,
c'est au premier étage...

Le Paris de George Sand

George Sand est née à Paris, au dernier étage du 46 de la rue Meslay, dans l'actuel quartier de la République. Son père jouait du violon quand Sophie-Victoire ressentit les premières douleurs de l'enfantement et Maurice jouait encore quand Aurore vit le jour.

Au 19 du quai Malaquais, George Sand fut heureuse entre son encrier, sa plume et son papier. C'est là qu'elle écrivit *Lélia*, dans la « mansarde bleue », cet appartement dont les fenêtres donnaient sur la cour et le parfum des acacias. C'est là qu'elle vécut des heures de félicité au tout début de son amour avec Alfred de Musset. C'est de là aussi qu'elle écrivit pour la première fois, en janvier 1833, à l'actrice Marie Dorval.

Au square d'Orléans, non loin de l'atelier d'Ary Scheffer, rue Chaptal, vivaient de nombreux artistes et la proximité de George Sand et d'Alfred de Musset n'était pas seulement celle du cœur. Elle habitait au 6 à l'entresol et lui au 9 au rez-de-chaussée.

La Vallée noire

Chaque écrivain se perçoit comme le propriétaire imaginaire de l'espace réel de sa géographie sentimentale qu'il signe de ses pas autant que de ses songes. George Sand, « la Bonne Dame de Nohant », est de ce pays vallonné où les champs sont entrecoupés de haies et de bois et où les hameaux aux toitures de tuiles rouges colorent par touches le bocage. Mais c'est elle, l'auteur de *La Mare au diable*, qui donne la teinte dominante de cette région qu'elle baptisa la Vallée noire : « Toutes les hauteurs sont boisées, c'est ce qui donne à nos lointains cette belle couleur bleue, qui devient violette et quasi noire dans les jours orageux ... » Situé en Berry, au sud du département de l'Indre, ce pays marque la transition entre le Bassin parisien et les premiers contreforts du Massif central : « Du Lys à Fourche, le pays change d'aspect. C'est là que la vallée s'ouvre sur des landes tourmentées et commence à cesser d'être Vallée noire. Les arbres deviennent plus rares, les horizons moins harmonieux, les terres plus froides. Mais l'aspect de cette région transitoire est grandiose, quand le soleil fait étinceler les flaques d'eau en s'abaissant derrière les buttes inégales où la bruyère commence à se montrer, plante folle et charmante, qui s'étale fièrement à côté du dernier sillon tracé par le laboureur sur cette limite du fromental généreux et de la branche inféconde. »

La Châtre

Au cœur de la Vallée noire, la ville de La Châtre en Bas-Berry possède un patrimoine architectural exceptionnel sur lequel veille le député maire Nicolas Forrissier en cette année décrétée année George Sand au niveau national. Ce lieu élu est le rendez-vous symbolique du bicentenaire George Sand 1804-2004. Ne manquez pas, au milieu des maisons du XIVe siècle, la promenade qui vous conduira au quartier pittoresque des bords de l'Indre. Place Laisnel-de-la-Salle, levez les yeux vers la maison de bois avec ses bardeaux, sa porte cloutée, ses accolades sculptées et les niches pour les saints. Si vous avez le sentiment d'avoir déjà vu quelque part cette très belle maison, c'est que vous êtes un authentique lecteur de George Sand, car elle a droit de cité dans le roman *André*. Pittoresque aussi, la rue des Trois-Marchands, la Maison pointue. Cette dernière date du XVe siècle et possède des ouvertures ornementées. Elle aurait certainement plu à Prosper Mérimée, écrivain et protecteur du patrimoine dont on célébra le bicentenaire en 2003, et elle a bénéficié récemment d'une restauration. Impossible, pour vous qui aimez George Sand, de ne pas visiter son musée, rue Venose, qui est ouvert tous les jours. Il est situé dans un donjon construit au XVe siècle et domine la vallée de l'Indre. D'abord il fut une prison pendant deux siècles et désormais il abrite les collections du musée municipal relatives à George Sand, avec une grande richesse de souvenirs, de lettres, de gravures et même de photos. Il rend aussi hommage aux arts et traditions du Berry avec des objets d'artistes locaux, un bel assortiment de coiffes et autres témoignages du folklore populaire, dont une collection de maquettes représentant des scènes champêtres du Berry.

Enfin, souvenir aussi douloureux que frappant, l'accident mortel du père de George Sand : c'était le vendredi 16 septembre 1808. Ce fringant officier de l'état-major de Murat s'était vu offrir durant la guerre d'Espagne par le prince des Asturies un fougueux destrier à la robe sombre et au caractère ombrageux, un indomptable cheval d'Andalousie du nom de Leopardo. Alors que Maurice était parti pour La Châtre sur son étalon à demi-sauvage, l'accident eut lieu au retour vers Nohant. L'officier fut jeté au pied d'un peuplier par son cheval fou. Il agonisait à terre, le cou brisé, quand son ordonnance, Weber, le transporta à l'auberge voisine, Le Lion d'argent, dont le bâtiment en cours de rénovation porte aujourd'hui le nom d'Hôtel du Berry. C'est là que Maurice mourut. Il avait trente ans et son enfant chérie, Aurore, n'en avait que quatre.

c'est dans cet hôtel, que fut transporté
le père de George Sand, après sa chute de cheval –
c'était l'hôtel du "Lion d'Argent",
actuellement "Hôtel du Berri"

La Châtre

Nohant, l'église romane

George Sand a si bien écrit sur son pays qu'on le reconnaît sur la route en venant de Paris, lorsque se dessine la plaine berrichonne avec « ses paysans graves et silencieux vivant autour de leurs habitations comme poussins alentour de la mue ». Mais le véritable signal du souvenir sandien, c'est, au centre du village de Nohant, l'apparition de l'église romane précédée d'un porche, cette façade de Sainte-Anne qui est comme une invitation à partager son art de vivre d'écrivain à la campagne autant que sa volupté à goûter ici une sérénité silencieuse.

l'église
juillet 2003

Une noble demeure

Plutôt qu'un château, c'est une noble demeure bâtie dans les dernières années de l'Ancien Régime qui nous apparaît telle que l'a vue pour la première fois George Sand à l'âge de quatre ans. Beaucoup plus tard, elle écrira : « J'avais la maison de mes souvenirs pour abriter les futurs souvenirs de mes enfants. A-t-on bien raison de tenir tant à ces demeures pleines d'images douces ou cruelles, histoire de notre propre vie ? » Car Nohant est à la fois une maison de famille dont les ancêtres furent ou illustres ou populaires, une demeure habitée par les souvenirs d'une vie sentimentale agitée et les ombres caressantes et passantes de Jules Sandeau jusqu'à Manceau, mais aussi l'endroit élu des étés triomphants dédiés à l'amitié, la musique, l'écriture et la peinture. Ils sont toujours là, dans les épaisseurs successives de ces souvenirs qui n'en finissent pas d'avoir de l'avenir, aussi bien Chopin que Liszt, aussi bien Balzac que Flaubert, Théophile Gautier que Tourgueniev, Delacroix que Dumas fils ou encore les amies sincères, elles aussi amoureuses passionnées, Marie d'Agoult, Marie Dorval ou Pauline Viardot. Nohant ; c'est la superposition d'une vie d'hospitalité où la maîtresse de maison mène de concert un travail à temps complet dévoué à la chose littéraire, où les nuits sont sans sommeil et où les pages se noircissent de onze heures du soir à six heures du matin. Comment faisait-elle pour recevoir autant et écrire sans relâche, sans oublier ses autres activités coutumières comme la préparation des confitures, le jardinage et la culture des fleurs indispensables à son équilibre physique, comme ses bains dans l'Indre qu'elle pratiqua jusqu'à ses derniers jours ? Dans une lettre datant de 1868, voilà comment Armand Sylvestre dépeint la vie au château :

« L'intimité de la vie permise s'y dessinait dès l'arrivée, et il n'était pas d'endroit au monde où l'hospitalité vous mît plus rapidement à l'aise. Après l'accueil affectueux des maîtres, on vous conduisait à votre chambre et on vous disait les heures où vous les retrouveriez au salon. Une liberté absolue vous était laissée d'ailleurs, à la condition de respecter les heures de travail et de repos de George Sand, qui écrivait fort avant dans la nuit et quittait ses hôtes vers onze heures du soir. On ne la voyait donc guère le matin, mais seulement au moment du déjeuner. »

Ajoutons à ces souvenirs enchantés les accents inoubliables de cette arche de Noé échouée en pleine verdure où Chopin rejoignait le pique-nique du bord de l'Indre à dos d'âne – sur cette prairie où ont gambadé successivement, d'été en été, les chiens Marquis, Fadet et Pyrame qui annonçaient son arrivée en des aboiements joyeux.

C'est des communs...

C'est des communs qu'il faut regarder le château pour comprendre qu'il est la propriété d'un sang ancien au milieu des ormes plantés par Sully. Construite au cœur du Berry à la fin du XVIIIe siècle, la gentilhommière fut acquise en 1791 par Madame Dupin de Francueil, grand-mère de George Sand. À l'âge de trente-deux ans, celle-ci devint propriétaire de Nohant et, jusqu'à sa mort en 1876, elle s'attacha à cette demeure qu'elle ornait de la présence talentueuse d'invités illustres. Tous en ont laissé des images qui ressemblent autant à ce lieu élu qu'à eux-mêmes. Théophile Gautier nous le décrit ainsi : « La maison demi-château a bonne figure avec ses lierres et ses vieilles murailles grises au milieu d'un vaste enclos moitié parc, moitié jardin. »

Pour la petite Aurore...

Pour la petite Aurore, la cour de ferme de Nohant était déjà la cour des grands. Sa fraternité avec les fils du fermier était le reflet joyeux de l'école même de sa nature. Elle courait les bois avec les enfants du métayer, participait aux travaux des champs, aimait la vie simple de son eldorado champêtre, se réjouissait de la vision des terres labourées, des noyers autour des guérets, des bœufs excités par la voix des laboureurs, des splendeurs découvertes du terroir, comme le raconte si bien Christiane Sand, conservateur du musée de La Châtre et de la Villa Algira de Gargilesse, épouse du fils adoptif d'Aurore Sand, elle-même petite-fille de l'écrivain et auteur de l'album intitulé *Le Jardin romantique de George Sand* : « Loin de se contenter d'être une simple admiratrice des paysages champêtres, George Sand, dès sa jeunesse, voulut étudier la botanique. Elle eut avec Ajasson de Grandsagne, jeune voisin de La Châtre et élève de Cuvier, de longues conversations à ce sujet. Mais son principal initiateur fut le fidèle Jules Nerand, dit le Malgache en raison de ses voyages à Madagascar et à l'île Bourbon. Merveilleux conteur, parlant des sciences en poète, il fut un initiateur remarquable et lui apprit à reconnaître les familles des plantes et des fleurs. Dans *Histoire de ma vie*, George Sand décrit leurs promenades dans la campagne comme ses plus pures impressions de bonheur. »

Lorsque entre en jeu la rivalité de sa grand-mère et de sa mère, voulant chacune pour elle décider d'un destin contraire, la petite est troublée. Elle désire se rendre à Paris pour vivre auprès de celle qui l'a mise au monde, tandis que sa grand-mère tient à lui donner une éducation qu'elle estime être celle de son rang. La sauvageonne est déchirée : « Il ne fallait plus se rouler par terre, rire bruyamment, parler berrichon. Il fallait se tenir droit, porter des gants, faire silence ou chuchoter bien bas dans un coin avec Ursulette... Il fallait faire la révérence aux personnes qui venaient en visite. Il ne fallait plus mettre le pied à la cuisine et ne plus tutoyer les domestiques, afin qu'ils perdissent l'habitude de me tutoyer... Il fallait lui parler à la troisième personne : "Ma bonne-maman veut-elle me permettre d'aller au jardin ?" »

éclairage Calèche
La Calèche à Volant

L'atelier de Delacroix

Les invités de George Sand ne sont pas des passagers pressés et la maîtresse de maison qui a élevé l'hospitalité à la hauteur d'un art voit sans déplaisir ses convives préférés prendre souche. En 1841, Eugène Delacroix, accompagné de son chat Cupidon, vient passer quelques jours en Berry. Il a pris à Paris la poste à huit heures du matin, couché le soir à Orléans et est arrivé à Nohant le lendemain dans l'après-midi. Cette première visite n'est qu'une préface à de longs séjours qui s'étendront sur presque une dizaine d'années, car Delacroix a dépassé le septennat de présence de Frédéric Chopin. George Sand commente avec esprit la présence contiguë de ces deux génies : « Delacroix comprend Chopin et l'adore. Chopin ne comprend pas Delacroix. Il estime, chérit et respecte l'homme. Il déteste le peintre... Il est musicien, rien que musicien... Michel-Ange lui fait peur, Rubens l'horripile. Tout ce qui lui paraît excentrique le scandalise... Étrange anomalie. » Les invités de Nohant prennent leurs aises. Tandis que Frédéric Chopin fait capitonner la porte de sa chambre où il joue du piano, Delacroix s'installe carrément un atelier à droite en entrant dans la cour du château. Cet atelier semble avoir été surtout celui d'Eugène Lambert, ami de Maurice, qui demeura douze ans à Nohant. Mobilisé comme metteur en scène et acteur comique du petit théâtre de la maison, il orne de ses peintures les murs d'une petite pièce du rez-de-chaussée, près de la cuisine. Nohant était devenu telle une Villa Médicis au cœur du Berry, à tel point que certaines saisons, on avait besoin de trois ateliers où les divers artistes qui étaient là, comme Delacroix, Fromentin, Théodore Rousseau, Lambert, Calamatta et Charpentier, trouvaient leur bonheur. Une palette de peintres dans un décor champêtre et un écrin d'émeraude.

Delacroix 1842

l'Atelier
juillet 2012

« Le jardinage avec furie »

Le domaine comportait face à la maison un petit bois traversé par des allées régulières. George Sand, qui avait la main verte pas seulement en matière d'écriture, se passionna pour un projet de parterre tout à fait spontané où elle améliorait le verger, le potager, un jardin de fleurs et une roseraie. Jardiner était son plaisir, une volupté qu'elle pratiquait en famille. Elle écrit dans *L'Écho de l'Indre*, le 15 janvier 1854 : « Je me livre au jardinage avec furie, par tous les temps, cinq heures par jour, avec Nini à côté de moi, piochant et brouettant aussi. Cela m'abrutit beaucoup, et la preuve c'est que, tout en bêchant et ratissant, je ne me mets pas à faire des vers. Les premiers que je livrerai à la publicité me sont venus à propos de ce pauvre cher Planet, et je les fais tout en bêchant et pleurant. »

La façade Côté Parc

la facade

La salle à manger ouvre sur les jardins

Après la porte d'entrée cintrée surmontée d'un œil-de-bœuf, pénétrez dans la demeure. À votre droite, un escalier tourne avec élégance autour d'une cage ronde : c'est Madame Dupin de Francueil qui le fit poser en 1802, et l'on doit à son fils Maurice sa décoration, des nuages bleus et roses. Maurice, qui vécut toute sa vie aux crochets et aux côtés de sa mère, avait été un élève de Delacroix et dessinait non sans un certain talent : on trouve ses œuvres un peu partout dans la maison et l'on peut les voir aussi au musée de La Châtre. Il deviendra maire de Nohant et capitaine des pompiers.

La salle à manger ouvre sur les jardins avec son décor de boiseries et ses dressoirs présentant différentes céramiques. Sur la table entourée de chaises Louis XVI, ornée de velours frappé, le couvert est mis comme naguère avec le service Creil à décor de fraisiers. Et Aurore Sand, qui survécut quatre-vingt-cinq ans à sa grand-mère, s'était plu à disposer un carton devant chaque couvert, reconstituant ainsi un repas imaginaire des dernières années. George Sand avait coutume de présider à l'anglaise, en bout de table, encadrée de ses invités de marque, parfois Tourgueniev à sa droite et Flaubert à sa gauche, un jour le prince Napoléon, un autre soir Dumas fils, et, la plupart du temps, Maurice, Lina et les enfants. Au-dessus de la table où elle reçut pendant quarante ans brille un lustre de Murano, souvenir de Venise. Les amis de George ont apprécié ces repas en famille qui prenaient parfois des allures de festins. Seul Théophile Gautier fait une petite critique, estimant qu'au menu il y avait « trop de gibier et de poulet ».

Au salon

Ce qui frappe d'emblée dans le salon, c'est la suite de portraits qui composent un résumé de l'extraordinaire lignée de la maîtresse de maison. Elle trône au centre dans une toile de Charpentier qui révèle tout l'éclat de sa beauté. Elle a alors trente-quatre ans et sa liaison avec Frédéric Chopin vient de commencer. Autour d'elle apparaissent les ancêtres : le maréchal de Saxe, son arrière-grand-père, et la mère de ce dernier, Aurore de Koenigsmarck, les grands-parents Dupin de Francueil, au sourire fin, tout droit issus de l'âge du plaisir de vivre, leur fils Maurice, père de George, dans son splendide uniforme d'officier de l'Empire. Dans cette galerie familiale, il manque cependant un portrait, celui de Sophie-Victoire Delaborde, mère de George, d'origine modeste, la fille de l'oiseleur parisien. Et puis il y a encore les portraits des enfants de George, Maurice, Solange, et de ses petites-filles, chez qui l'on retrouve le regard noir de la grand-mère. N'oublions pas que nous sommes chez les descendants d'un fermier général, ce qui explique qu'on soit entouré de beaux meubles dont un lustre de Venise, un fort beau cartonnier ainsi qu'un piano qui peut rappeler celui auprès duquel Pauline Viardot chantait accompagnée par Chopin. Quant à la table, elle est d'origine rustique. C'est Pierre Bonnin, le menuisier du village, qui l'a faite avec un vieux merisier du jardin. Elle ne paie pas de mine, mais George Sand précise que c'est une solide, une fidèle et une honnête table qui n'a jamais voulu tourner.

La chambre d'Aurore de Saxe

George Sand aimait beaucoup sa grand-mère, une beauté fanée, mais encore altière de l'Ancien Régime. Souvent, elle aimait à la rejoindre dans son grand lit à la polonaise. Mais parfois l'atmosphère guindée de l'ancienne chambre d'Aurore de Saxe agaçait l'esprit déjà rebelle de la petite fille : « La solennité des manières de ma grand-mère me contristait l'âme. Sa chambre sombre et parfumée me donnait la migraine et des bâillements spasmodiques. Elle craignait le chaud, le froid, un vent coulis, un rayon de soleil. » C'est là, le 26 décembre 1821, que mourut Madame Dupin de Francueil, soufflant à l'oreille de celle qui se nommait encore Aurore : « Tu perds ta meilleure amie. » Mais ce lit n'a pas dit son dernier mot dans l'histoire de George Sand puisque, à l'automne 1822, il va devenir celui des jeunes époux Dudevant. Ils vont en effet partager cette chambre pendant cinq ans et c'est en ce lieu que s'achèvera leur cohabitation, le 13 septembre 1828, par la naissance de la petite Solange dont Casimir Dudevant a toutes les peines du monde à admettre qu'il est le père. Par la suite, la pièce devint une chambre d'amis où furent reçus, en 1837, Liszt et Marie d'Agoult. Solange y vint aussi avec son mari, le sculpteur Clesinger.

Sand d'après Musset
en 1833

Le boudoir littéraire

Jeune femme, George Sand avait fait sa chambre dans cette minuscule pièce d'angle au décor Louis XVI qu'on appelait « le petit boudoir ». Avec son plafond en coupole, ses tentures de toile de Jouy, ses panneaux de boiseries à guirlandes, ses médaillons à monogramme en dessus-de-porte et son parquet marqueté, le boudoir garde à la fois un charme ancien et libertin. La sortie dérobée par le cabinet de toilette, contigu à la chambre d'enfant, lui permettait de se sauver sans réveiller son mari afin de rejoindre ses amis de La Châtre ou son amant Jules Sandeau dans le parc : « J'habitais alors l'ancien boudoir de ma grand-mère... Ce boudoir était si petit qu'avec mes livres, mes herbiers, mes papillons et mes cailloux, il n'y avait pas de place pour un lit. J'y suppléai par un hamac. Je faisais mon bureau d'une armoire qui s'ouvrait en manière de secrétaire. »

La cuisine aux clochettes

L'aile droite de la maison abrite la cuisine avec son potager sous la fenêtre, son four à pâtisserie, sa lourde table de chêne pour douze personnes. On pourrait s'y croire dans la cuisine d'une vaste ferme, si un détail presque technologique n'y indiquait le confort avancé d'une maison de maître : au mur, une batterie de clochettes que des fils savamment agencés reliaient aux différentes chambres. George Sand y cultive l'art d'être grand-mère, se léchant les doigts en faisant elle-même les confitures : « J'ai fait une quarantaine de livres de prunes... J'en ferai d'autres à ton intention. Les femmes que tu m'enverrais ne me serviraient à rien, car on ne peut pas confier cette besogne. Il faut la faire soi-même et ne pas la quitter un instant. C'est aussi sérieux que de faire un livre. »

Sabot en cuivre porte-fleur
Cuisine -

La chambre bleue

Cette belle chambre bleue, c'est celle où George Sand a vécu de 1867 à sa mort en 1876. Atmosphère harmonieuse avec un lit bateau de noyer, un joli mobilier Louis XVI et au mur un papier bleu à médaillons blancs, motif qu'elle avait choisi et qui est rappelé par les rideaux et les portières d'un tissu identique. La présence de l'écrivain, on la ressent encore aujourd'hui à travers quelques objets familiers disposés çà et là : un chapeau de paille orné d'un ruban noir avec un voile de mousseline, des pantoufles au pied du lit et sur la table le raffinement de ses objets à écrire. Le mystère de la chambre bleue, c'est une inscription aujourd'hui disparue qui pose une énigme à ceux qui croient tout savoir de la vie de George Sand. Étant revenue de Majorque avec Chopin le 2 juin 1839, elle avait écrit dans l'embrasure de la fenêtre, à droite, un poème en prose et en anglais avec seulement cette mention « 19 juin 1839 ». Que s'est-il donc passé ce jour-là ?

Le séjour de Chopin

Un excès de lenteur peut présider au commencement de la plus grande passion. George avait trente-deux ans quand elle entendit pour la première fois Chopin jouer du piano dans les salons de l'Hôtel de France. « Quelle femme antipathique ! » s'exclame le musicien, choqué, semble-t-il, par l'allure de garçonne qu'affectait George. Mais Sand a remarqué les yeux bruns et vifs et le sourire angélique, la taille élancée, les mains interminables du compositeur polonais, génial et poitrinaire. Dès l'été 1837, elle qui vit dans un état de communion absolu avec Liszt et Marie d'Agoult se prend à rêver d'une idylle pas seulement musicale avec le ténébreux et lumineux artiste. Elle voudrait qu'il rejoigne le groupe de ses invités du Berry. Il faudra attendre un an et l'été de 1838 pour arracher le Polonais célèbre à ses égéries ravissantes et à ses puissants amis de Paris. George Sand écrit alors une lettre de trente-deux pages à Grzymala, son ami polonais, pour en savoir plus sur la vie privée de Chopin et exprimer franchement qu'elle est candidate à devenir sa maîtresse. Après cette longue épître, le couple va vivre l'un de ses plus beaux étés. L'année d'après, Sand s'installe à Nohant et Chopin, qui pourtant n'aime pas la campagne, y compose auprès d'elle la *Sonate en si bémol majeur*, le *Deuxième Nocturne* parmi une cinquantaine de morceaux pour piano. À travers son journal, l'amoureux fidèle et jaloux clame son grand amour : « Je ne veux vivre que pour toi. » Au début, l'artiste hypernerveux semble s'accoutumer de la quiétude d'une vie en famille. Mais avec le temps qui passe, il regrette l'intimité des tête-à-tête qui se font de plus en plus rares. Et curieusement, les clans se forment et s'affrontent dans la maison même : Maurice étant toujours d'accord avec sa mère et Solange s'opposant à elle et se rangeant constamment du côté de Chopin. Quand Solange a seize ans et devient belle et coquette, il y a péril en la demeure. Elle n'hésite pas à aguicher l'amant de sa mère qui est loin d'être insensible à ses charmes et George Sand se persuade alors que Frédéric Chopin est amoureux de sa fille. À partir d'un incident mineur, un rire entendu derrière une porte, George Sand éclate. Elle écrit alors une des plus belles lettres de l'amour malheureux où elle exprime à la fois l'incommensurable douleur de la femme bafouée et les profondeurs insondables de la blessure béante provoquée par la jalousie. Le musicien quitte alors Nohant, où il ne doit plus jamais revenir. Le 28 juillet 1847, elle lui écrit sa dernière lettre qui se termine par ces mots :« Adieu mon ami, que vous guérissiez vite de tous maux, et je remercierai Dieu de ce bizarre dénouement à neuf années d'amitié exclusive. Donnez-moi quelques fois de vos nouvelles. Il est inutile de jamais revenir sur le reste. » Le 17 octobre 1849, il s'éteignit sans la revoir. Seule subsiste de son passage à Nohant la porte capitonnée donnant sur le couloir séparant à jamais la musique du silence.

Albert
Grzymala

Les marionnettes de Maurice Sand

George Sand ne dédaigne pas les plaisirs du théâtre en chambre et les bonheurs humoristiques propices dans une assemblée familiale à la pratique du cabotinage. Ce qu'elle appelle à Nohant « le Grand Théâtre » est installé dans le billard et organisé avec une vraie scène dès 1850. Elle n'hésite pas à pousser ses invités à « flamber » sur les planches. Mais il y a aussi le petit théâtre de Maurice Sand, animé, lui, par des marionnettes. Il fut « peint, machiné, sculpté, éclairé, composé et récité par Maurice Sand tout seul ». Sur châssis de bois garni d'étoffe défilent les décors. George Sand a cousu les habits des personnages et Maurice, son fils, qui a dessiné le programme, anime les marionnettes. Ces dernières sont taillées dans un bois tendre et reproduisent parfois les traits de personnages familiers. Tout est réalisé ici avec un grand souci de perfection et les bruitages sont remarquables : « trompettes, cors de chasse, pluie, vent, tonnerre, grêle, chants d'oiseaux, grelots, roulements de voitures, vagues qui déferlent, tout est rendu à point, rien n'est omis ». Les marionnettes de Maurice entrèrent dans la légende quand George Sand les mit en scène dans son roman *Pierre-qui-roule*.

marionettes à Nohant
1847

Le parc de Nohant

Promenons-nous avec elle dans l'allée qui nous mène doucement au pavillon Flaubert. Sous la densité émeraude des ombrages, comment ne pas penser à cette phrase de *La Mare au diable* : « La nature est éternellement jeune, belle et généreuse. Elle verse la poésie et la beauté à tous les êtres, à toutes les plantes qu'on laisse s'y développer à souhait. » ?

À Victor Hugo, elle écrit de Nohant le 22 février 1862 : « Vous me demandez où je suis : toujours à la campagne, faisant de l'histoire naturelle et mille riens intimes avec mon fils, qui a fait l'été dernier un jardin littéraire, comme dit Dumas, et l'expression me plaît beaucoup à moi qui suis éprise de botanique. Mes romans sont des pages d'herbier, et, s'ils vous plaisent, j'en suis heureuse et fière, mais non enivrée, jusqu'à me faire illusion sur l'utilité de ce qu'on est libre de publier en ce temps-ci, en France. Ma tendance à la flânerie intellectuelle est une grâce d'état peut-être, puisqu'elle m'endort sur le peu que je suis. Mais, pour que je me sente vivre un peu mieux, il faut que les autres fassent de grandes choses, et j'attends avec impatience un nouveau rayon de vous. À ce petit jardin, il faut de grands éclats de soleil et ce n'est pas moi qui peux lui en donner. »

l'allée à lohaut
Senisse le château
juillet 2005.

Le pavillon Flaubert

Il est des lieux dans les propriétés qui sont à la fois les rendez-vous de l'amour et de l'amitié. Ainsi en est-il du pavillon Flaubert, qu'on peut rejoindre de la demeure de Nohant par l'arrière en descendant l'escalier du midi qui donnait alors sur de belles charmilles. Un rond-point, une allée ombragée, et le voici, le lieu des rendez-vous secrets. C'est là que son jeune amant Jules Sandeau venait étreindre la maîtresse des lieux tandis que le baron Dudevant dormait d'un sommeil de plomb. C'est là aussi que Gustave Flaubert, qui s'était tant fait prier avant de venir enfin à Nohant rendre à George Sand la visite qu'elle lui avait faite à Croisset, trouva refuge lors de son court séjour pour méditer et écrire quand les calembours étaient trop lourds au vieux troubadour et que la maison-mère lui paraissait trop bruyante à force de farces et attrapes. Plus que de l'affection, c'est une véritable vénération que l'auteur portait à l'écrivain au point d'appeler la femme de lettres « Mon Chère Maître ».

Ainsi commence d'ailleurs sa lettre de château : « Il n'y a que cinq jours depuis notre séparation et je m'ennuie de vous comme une bête. Je m'ennuie d'Aurore et de toute la maisonnée jusqu'à Fadet. Oui ! c'est comme ça. On est si bien chez vous ! Vous êtes tous si bons et si spirituels ! Pourquoi ne peut-on vivre ensemble, pourquoi la vie est-elle toujours mal arrangée (...) Maurice me semble être le type du bonheur humain. Que lui manque-t-il ? Certainement il n'a pas de plus grand envieux que moi. Vos deux amis Tourgueniev et Cruchard ont philosophé sur tout cela, de Nohant à Châteauroux, très agréablement portés dans votre voiture, au grand trot de deux bons chevaux. Vivent les postillons de La Châtre ! » Voilà pourquoi on appelle désormais ce pavillon le pavillon Flaubert.

Jules Sandeau et
G. Sand se retrouvaient
dans ce pavillon
au fond du parc.
Ce fut, plus tard, le
refuge de Flaubert
pour écrire
calmement !

La Vallée bleue

Dans ce pays de passion, comme elle le disait elle-même, la châtelaine aux innombrables fiefs nous permet de reconnaître tous les villages des alentours de Nohant et parmi eux ceux qui accueilleront les héros de ses romans : Vic, Saint-Chartier, Montgivray, L'Ourouer, Le Chassin, La Chicoterie, Verneuil, Lys-Saint-Georges, Mers, Montipouret et autres lieux circonvoisins. Marcheurs inspirés et randonneurs à références littéraires, vous pouvez parcourir à travers bois et champs, en une promenade enchantée parmi des lieux pittoresques, cet itinéraire qui a gardé ses charmes secrets. Pendant votre « marche de George Sand », n'hésitez pas à vous arrêter à La Vallée bleue, aujourd'hui un hôtel délicieux qui fut jadis la demeure du médecin de l'écrivain, le docteur Pestel. Marié à Marie Rocher de Saint-Chartier, il est devenu le médecin de famille des Sand, s'occupant particulièrement de la santé de Maurice. Le lendemain, repartez sur le chemin au rythme des pas de la grande dame vers Saint-Chartier et Le Petit-Coudray, le nez au vent avec un joli panier, comme elle le faisait, contenant encre et papier, un morceau de pain afin de pouvoir écrire dans la campagne. Ne raconte-t-elle pas, dans *Histoire de ma vie*, ses éblouissements dès l'aurore ? « Je pris l'habitude de faire tous les matins huit ou dix lieues en quatre heures, m'arrêtant quelquefois dans une ferme pour prendre une jatte de lait, marchant à l'aventure, explorant le pays au hasard, passant partout, même dans les endroits réputés impossibles, et me laissant aller à des rêveries sans fin. »

Saint-Chartier

Parmi les châteaux sandiens, Saint-Chartier a fière allure. Forteresse féodale construite à la fin du XIIe siècle et reconstruite au XVe, l'édifice tombait en ruine du temps de l'enfance de George Sand. Elle s'en souvint quelques années plus tard en écrivant son roman *Les Maîtres sonneurs*. Remanié au XIXe siècle et aujourd'hui restauré, le château accueille chaque année dans son parc, autour du 14 juillet, les célèbres Rencontres internationales de luthiers et maîtres sonneurs. Jadis, les maîtres sonneurs, joueurs de cornemuse reconnus par leurs pairs, constituaient une confrérie avec ses rites initiatiques et ses lois secrètes. Dans son roman, George Sand raconte l'histoire de l'un d'entre eux et le suit pas à pas dans sa recherche d'autres musiques, une quête qui conduit son cornemuseux du Berry jusqu'en Bourbonnais. Si le château est impressionnant, le village est captivant. Saint-Chartier, « c'est un redoutable manoir bien entier et très habitable, quoique dégarni de meubles... C'est le plus fort de la province et longtemps il servit de résidence aux princes du bas Berry ». Mais George Sand nous prend par la main pour nous emmener vers l'ancienne auberge du Bœuf couronné dont on ne décrocha l'enseigne qu'en 1909 et dont le bâtiment existe toujours aujourd'hui. C'est derrière cette maison que coule l'Igneraie, comme le narrateur l'explique dans *Les Maîtres sonneurs*. Peu de choses ont changé et l'on retrouve dans la respiration de ses lignes la fragrance intacte du temps : « L'auberge était dans la rue qui descend et qui est aujourd'hui la route postale d'Issoudun (...). De la rivière qui arrosait le mur en contrebas de l'auberge du Bœuf couronné, on montait, raide comme pique, à la place qui était, comme aujourd'hui, cette longue chaussée raboteuse plantée d'arbres, bordée à gauche par des maisons fort anciennes, à droite par le grand fossé, alors rempli d'eau, et la grande muraille, alors bien entière, du château. »

le Bœuf Couronné

Au Petit-Coudray, la rencontre avec Jules Sandeau

C'est dans une ancienne capitainerie qu'eurent lieu, au château du Coudray à Verneuil-sur-Igneraie, les premières rencontres d'Aurore Dudevant avec Jules Sandeau. Casimir son mari était absent quand Aurore se rendit sur sa jument Lyska au château Duvernet, à Coudray. Le jeune Charles Duvernet l'y attendait au milieu d'une assemblée de joyeux jeunes gens dont Alphonse Fleury, le « Gaulois » géant, Gustave Papet, l'étudiant en médecine à la bourse bien garnie qui jouait au milord dans ce groupe de provinciaux, et Jules Sandeau, le fils surdoué d'un percepteur de La Châtre qui était étudiant à Paris. Aurore n'avait pas remarqué « le petit Jules », mais lui avait entendu parler d'elle. Dès son arrivée, il se retira avec un livre sur un banc à l'ombre d'un vieux poirier : « C'était l'endroit préféré de Madame Dudevant. Elle nous y entraîna peu à peu tout en causant et se trouva ainsi face à face avec Sandeau, qui semblait vouloir l'éviter », raconte Duvernet dans ses mémoires non publiés. On parla des évènements et de ce qui se passait à Paris sur les barricades en ce mois de juillet 1830, c'était le grand sujet de toutes les conversations. Jules Sandeau avait dix-neuf ans et des boucles blondes, quelque chose de frêle et de gracieux qui plut à Aurore, au point que, prenant congé après le dîner, déjà montée en selle, elle s'écria : « Charles ! vous amènerez demain tous vos amis à dîner ! » Et ces derniers mots étaient comme une insistante invitation adressée particulièrement à l'un d'entre eux : « Je compte sur *vous tous*, messieurs. » Les étés à la campagne ont l'avantage de multiplier les occasions de se revoir entre les bals au village, les pique-niques dans les parcs des propriétés d'amis, les promenades dans les bois et les soirées de musique à Nohant. Souvent aussi, Jules Sandeau accompagnait les amis d'Aurore à la chasse. Ses pas le ramenaient régulièrement à Nohant, il était tombé sous le charme fatal de cette femme aux lourds cheveux sombres, à la peau fine et mate, particulièrement sensible à l'expression de ses yeux, à la fois brûlants et fiévreux. Combien de temps va durer leur jeu de cache-cache ? Jules semble encore résister tandis qu'Aurore est déjà prise. Une lettre à Émile Regnault, datée de mai 1831, nous renseigne sur l'état d'âme de la jeune femme à ce moment-là : « Dès le premier jour, son regard expressif, ses manières brusques et franches, sa gaucherie timide avec moi me donnèrent envie de le voir, de l'examiner. C'était je ne sais quel intérêt que chaque jour rendait plus vif et auquel je ne songeais pas seulement à résister. »

le Coudray
C'est ici que Aurore Dupin
rencontra Jules Sandeau
le 30 juillet 1830.

Jules Sandeau
en 1830.

Le château d'Ars

Chaque année a lieu au château d'Ars une fête romantique qui allie à la passion de la musique – que montre Jean-Yves Clément, créateur de festivals en Berry et son organisateur – la délicatesse d'une lecture ou d'une dédicace d'ouvrage au fond des douves où un gazon parfait a remplacé la plus belle eau, ou encore une représentation théâtrale au milieu des flambeaux illuminant la façade au soir tombé. À l'intérieur de cette belle demeure médiévale, réaménagée à la Renaissance, Jules Sandeau fit jadis un séjour clandestin. Aujourd'hui, plusieurs salles sont dédiées au mouvement romantique, à son histoire littéraire et aux phrases immortelles de ses plus grandes signatures. George Sand situe au château d'Ars plusieurs scènes de son roman *Les Beaux Messieurs de Bois-Doré*. Elle fut la propriété de Gustave Papet, médecin et ami de George Sand depuis les premiers jours, puisque Aurore le connut « en petit jupon et bourrelets » en 1812, quand il n'avait que quelques mois ! Plus tard il fit partie des amis fidèles, complice et confident de la jeune baronne. Mêlé aux événements de la vie de la romancière, il soignera ses enfants ainsi que les invités de Nohant et notamment un patient célèbre, Frédéric Chopin, celui qui avait dit de George qu'elle était « plus femme qu'aucune femme ». Dans l'été de 1812, Aurore berçait le gentil bébé Papet dont elle aurait bien aimé être « la petite maman ». À la veille de la mort de George Sand, l'ami et le médecin est toujours là, avec ses confrères, au chevet de la grande dame qui n'avait pas encore soixante-douze ans et qui abandonna au milieu d'un chapitre son roman *Albine Fiori* pour rédiger dans son journal intime une ultime note qui commence par ces mots déchirants et doux : « Temps délicieux. Je ne souffre pas beaucoup... »

Chateau d'Ars.

La Motte Feuilly

SUR LES PAS DE GEORGE SAND

La Tour-Gazeau et Pouligny-Saint-Martin

George Sand, entre imaginaire romanesque et réalité topographique, nous guide en nous égarant : « À trois lieues de la Roche-Mauprat en tirant vers le Fromental, vous devez avoir vu, au milieu des bois, une vieille tour isolée, célèbre par la mort tragique d'un prisonnier... À l'époque dont je vous parle, la Tour-Gazeau était déjà abandonnée, menaçant ruine... » Aujourd'hui, c'est l'une des joies de la découverte de notre balade que de contempler de la route, au milieu d'un champ, ce monument insolite couvert de lierre qui a gardé tout son cachet romantique, que l'on chemine vers Pouligny-Saint-Martin ou que l'on se rende à Sainte-Sévère. Non loin de là, après Sainte-Sévère, sur le sentier fléché des « Maîtres sonneurs », en longeant la ravissante rivière des Palles, vous déboucherez sur un charmant hameau de la commune de Vigoulant, où vous attend, dans un écrin de nature et de verdure au calme parfait, le Moulin-Vieux. C'est une des meilleures adresses de la Vallée noire et un lieu à la fois hospitalier et stratégique pour la découvrir sous tous ses aspects. Les propriétaires du Moulin-Vieux vous proposent d'élégantes chambres d'hôtes avec une table savoureuse ornée de verres de cristal et une conversation à la hauteur du décor raffiné, aussi conviviale que cultivée.

La Tour Gazeau.

Sainte-Sévère

George Sand avait coutume de s'arrêter à l'hôtel de l'Écu à Sainte-Sévère lorsqu'elle se rendait de Nohant à Boussac. Vous découvrirez à proximité les restes de l'ancien château fort, car au XIIIe siècle la ville médiévale entourée de remparts constituait une citadelle avancée du Berry sur la frontière du Limousin. C'est dans ce château fort et dans un château plus récent du XVIIIe siècle que George Sand situa l'action de son roman *Mauprat*. Sainte-Sévère a connu deux grandes heures de gloire : en 1372, quand le connétable du Guesclin, les ducs de Berry et de Bourbon sont entrés dans la place forte après un siège mémorable qui permit de bouter l'Anglais hors la ville, et en 1947 où, sur la place de la Halle, Jacques Tati tourna la plupart des scènes de son fameux film *Jour de fête*. En 1853, lorsque George Sand fit entrer Sainte-Sévère dans son univers romanesque, elle connut le château actuel, mais avec un parc beaucoup plus grand. Les deux rues n'existaient pas, l'église n'était pas encore construite et l'entrée du château se situait entre les maisons jumelles de la rue qui étaient reliées par une grande grille en fer forgé, le reste étant clos par un vaste mur. George Sand eut une idée prémonitoire en faisant dire dans son roman au bonhomme Patience : « Je ne le verrai pas, mais il y aura dix chaumières dans le parc du château. » Effectivement, le château fut vendu en 1936 et dix familles habitent désormais ici, soit dans des maisons neuves, soit dans d'anciennes dépendances.

Sainte Sevère

La Roche-Guillebaud

La peur de l'étrange, les nuits ensorcelées du Berry, la présence fantomatique des Lavandières du diable qui venaient dans l'obscurité, la nuit, au bois de l'Abbaye des Pierres à l'ouest, encore aujourd'hui surnommé « le Val horrible », font partie de cet arsenal de terreur et de sombres superstitions qui donnent aux romans de George Sand les accents de l'effroi et du mal. Mais comment retrouver sur la carte la superposition de deux endroits que la romancière a écartés de quelques lieues par les caprices de son imaginaire : la Roche-Guillebaud et la Roche-Mauprat ? Il faut être un promeneur courageux pour revivre l'action du roman *Mauprat* dans ce sombre ravin et triste castel, l'une des ruines les plus ignorées de cette région dont on ne saurait dire si elle est bourbonnaise, marchoise ou berrichonne. Les premières pages sont dramatiques : « Il n'y a pas longtemps que le dernier des Mauprat, à qui cette propriété tomba en héritage, en fit enlever la toiture et vendre tous les bois de charpente ; puis, comme s'il eût voulu donner un soufflet à la mémoire de ses ancêtres, il fit jeter à terre le portail, éventrer la tour du nord, fendre de haut en bas le mur d'enceinte, et partit avec ses ouvriers secouant la poussière de ses pieds, et abandonnant son domaine aux renards, aux orfraies et aux vipères. Depuis ce temps, quand les bûcherons et les charbonniers qui habitent les huttes éparses aux environs passent dans la journée sur le haut du ravin de la Roche-Mauprat, ils sifflent d'un air arrogant ou envoient à ces ruines quelque énergique malédiction ; mais quand le jour baisse et que l'engoulevent commence à glapir du haut des meurtrières, bûcherons et charbonniers passent en silence, pressant le pas, et de temps en temps font un signe de croix pour conjurer les mauvais esprits qui règnent sur ces ruines. »

La Roche Guillebaud –
les ruines perdues dans un
feuillage abondant,
au dessus d'une eau
verdâtre.

Sentier de randonnée
vers la
Roche

Crevant

Si George Sand revenait aujourd'hui à Crevant, où jadis elle a situé une partie de son roman *Nanon* et un chapitre des *Légendes rustiques*, elle découvrirait le parc des Parelles, ouvert depuis six ans, qui est un véritable petit paradis à savourer à son rythme, de préférence en famille ou entre amis. Ce petit coin du Boischaud-Sud, localisé sur la commune de Crevant, tout près de la Creuse, a été aménagé par le syndicat d'initiative d'Aigurande. L'idée était de faire apprécier du grand public dix micro-paysages disséminés dans vingt-cinq hectares sauvages. Des zones totalement différentes, rythmées par des ruisseaux vagabonds, des sources, des chemins creux, des essences typiques, châtaigniers, chênes, hêtres. Sans oublier d'étranges blocs de granit gris en surface et bleu en profondeur, souvent couverts de mousse, qui accentuent la féerie des lieux. Des ponts, des escaliers en bois et des aires de repos accompagnent votre découverte du parcours le plus souvent tracé en sous-bois, et en fin de journée un amphithéâtre accueille, l'été, des veillées et des concerts nocturnes. La promenade donne l'impression de voir en une demi-journée un condensé de paysages berrichons qui méritent d'être sauvegardés, d'autant qu'aujourd'hui, à l'heure du bicentenaire, le parc des Parelles a orné ses sentiers de citations issues de l'œuvre de George Sand, rendant hommage à son grand amour de toujours : la nature.

Lys-Saint-Georges au pays de la Mare au diable

À quelque distance de la Mare au diable et du bois de Chanteloube, il est un ravissant village, Lys-Saint-Georges, qui s'appelait Ollicium sous la domination romaine. George Sand aimait à s'y rendre et à rappeler son histoire. Elle expliquait, reprenant la tradition orale, que vers 1190, Philippe-Auguste et Richard Cœur-de-Lion, après s'être beaucoup affrontés dans la région, se seraient retrouvés au château de Lys-Saint-Georges pour marquer leur réconciliation au cours d'un grand banquet. Entre les vins et les viandes, il leur vint une idée de concorde : donner à ce village le nom de Lys-Saint-Georges, Lys pour le lys de France et Saint-Georges pour rappeler le patron de l'Angleterre. Le château de Lys-Saint-Georges fut acquis par Jacques Cœur vers 1430. Mais les symboles politiques sont fugaces et prennent souvent une autre forme avec les changements de régimes... Ainsi, au cours de la Révolution française, Lys-Saint-Georges devint Lys-le-Pelletier en hommage au révolutionnaire de ce nom. Il appartient aujourd'hui à la famille de Reviers de Mauny, et l'on vit si bien à Lys-Saint-Georges que l'actuelle propriétaire a gardé tout son charme à plus de cent ans. Vous ne pouvez manquer, dans ce village historique, de vous rendre à la fameuse Maison du Berry qui, ouverte au public, accumule les objets anciens, les souvenirs des métiers oubliés et le mobilier rustique des paysans de jadis.

Chapelle du château

La Mare au diable

« Oui, dit la vieille, il s'est noyé ici un petit enfant !

Germain frémit de la tête aux pieds, mais heureusement la vieille ajouta :

« Il y a bien longtemps de ça ; en mémoire de l'accident, on y avait planté une belle croix ; mais par une belle nuit d'orage, les mauvais esprits l'ont jetée dans l'eau. On peut en voir encore un bout. »

"Mare au diable"

Sarzay

Corlay et Montipouret

Voici l'exceptionnel point de vue de Corlay. Du haut des chaumières de Labreuil, George Sand ne peut cacher sa tendresse pour ce panorama superbe dont elle restitue les beaux reliefs dans son roman *Le Meunier d'Angibault* paru en 1845, où elle évoque ce « développement infini de champs, de prairies, de taillis et de larges chemins communaux offrant une variété de formes et de nuances dans une harmonie générale de verdure sombre tirant sur le bleu ; un pêle-mêle de clôtures plantureuses, de chaumières cachées sous les vergers, de rideaux de peupliers, de pacages touffus dans les profondeurs ; des champs plus pâles et des haies plus claires sur les plateaux faisant ressortir les masses voisines... Enfin un accord et un ensemble remarquables sur une étendue de cinquante lieues carrées que du haut de Corlay, on embrasse d'un seul regard ». Autre vision de rêve : le clocher de Montipouret depuis la côte du Plessis. On la retrouve dans le roman *François le Champi* : « Il alla si vite qu'il ne sentit pas la froidure et ne songea ni à boire, ni à manger, ni à souffler tant qu'il n'eut pas laissé la grande route et attrapé par le dévers du chemin, la Croix du Plessis... Il arriva à la passerelle. Il laissa Montipouret sur sa gauche, non sans dire un beau bonjour au gros vieux clocher. »

Moulin d'Angibault.

Neuvy-Saint-Sépulcre et Cluis

En revenant de Gargilesse vers Nohant, c'est du côté de Cluis – face aux ruines du château exactement, si l'on en croit George Sand – que commence la couleur si singulière de la Vallée noire, un mélange de bleu et de mauve qui, par temps d'orage, vire au sombre. On sait que George Sand est athée, mais en rentrant chez elle par Neuvy-Saint-Sépulcre, elle ne peut s'empêcher à chaque fois de jeter un regard admiratif à sa basilique des XIe et XIIe siècles construite sur le modèle du Saint-Sépulcre de Jérusalem et située sur le chemin des pèlerins de Saint-Jacques-de-Compostelle. De plus, en 1257, le cardinal Eudes, légat du pape, fait don de trois gouttes du Précieux Sang du Christ, et c'est là l'origine d'un pèlerinage fréquenté le lundi de Pâques. Ici, dans cette lumière de la spiritualité, nous sommes cependant en plein cœur de cette Vallée noire à la vigoureuse et sombre végétation. Et George Sand en signe ainsi la riche nature : « Je veux d'abord, pour me débarrasser de toute chicane, tracer la carte de cette vallée. Faites courir une ligne circulaire partant si vous voulez de Cluis-Dessus, qui est le point de mire de tous les horizons de la Vallée noire, et faites-la passer par toutes les hauteurs qui enferment et protègent notre bocage. »

Gargilesse

La découverte à deux de Gargilesse donne lieu à un duo d'exclamations admiratives. « Un paradis terrestre », dit l'un ; « un pays féerique », reprend l'autre. Les amours tumultueuses de George ne peuvent cependant être disciplinées ni par une carte ni par un calendrier. Si l'on sait qu'elle a eu une aventure de deux ans avec Jules Sandeau, qu'elle a aimé six mois passionnément Alfred de Musset à Venise, de l'extase à la rage et des larmes au retour de flamme, qu'elle a vécu un septennat de tendresse et d'harmonie, bercé pas seulement par les accords musicaux, avec Frédéric Chopin, on ne peut négliger la multiplicité de ses autres amours. Ils ont pour noms entre autres : Aurélien de Sèze, Stéphane-Ajasson de Grandsagne, Jules Boucoiran, Michel de Bourges, Charles Marchal...

Sa liaison la plus longue s'étend sur les quinze années d'un bonheur calme et parfait avec Alexandre Manceau, un ami de son fils Maurice qu'elle rencontre pour la première fois à Nohant à la fin de l'année 1849. À trente-trois ans, il est déjà un graveur de renom qui expose au Salon. Dévoué, fidèle, ayant pour souci premier la stabilité du couple, il lui apporte enfin, dans une quiétude inouïe, le bonheur tant espéré. La romancière lui donne la preuve de son attachement en le suivant à Gargilesse en des fugues successives, pour échapper aux conflits familiaux dus à sa trop longue présence à Nohant. C'est dans ce joli village, à quatorze kilomètres d'Argenton-sur-Creuse et à proximité du lac d'Éguzon, qu'il avait acquis un refuge romantique de quatre pièces aux toitures pentues, blotti au pied d'un majestueux châteauet d'une église romane aux fresques éblouissantes, la Villa Algira, découverte au cours d'une promenade au bord de la Creuse. Enfin elle connaît la félicité : « Il a les soins d'une femme, et d'une femme adroite, active et ingénieuse. Quand je suis malade, je suis guérie, rien que de le voir préparer mon oreiller et m'apporter mes pantoufles... Enfin je l'aime, je l'aime de toute mon âme, avec ses défauts... Je l'aime avec tout ce qu'il est, et il y a un calme étonnant dans mon amour, malgré mon âge et le sien... Je suis comme transformée, je me porte bien, je suis tranquille, je suis heureuse, je supporte tout, même son absence, c'est tout dire, moi qui n'ai jamais supporté cela... J'ai quarante-six ans, j'ai des cheveux blancs, cela n'y fait rien. On aime les vieilles femmes plus – mieux ? – que les jeunes, je le sais bien maintenant... Manceau se met tout entier dans un verre d'eau qu'il m'apporte ou dans une cigarette qu'il m'allume. Il ne m'impatiente jamais ! Il est exact... Je ne l'ai jamais attendu une minute. »

Cargilesse.
4 pièces perdues dans
la verdure.

L'immortalité

Il est bien connu dans la littérature que les enterrements ressemblent à des romans. Unité de temps, unité de lieu, unité d'action : tous les personnages sont rassemblés autour de leur étoile qui s'en va. La proximité de la mort amène autant à l'élévation vers les cieux et à la prière qu'à la triste constatation que perdurent les petitesses de ce bas monde. Querelle autour d'une religion. Ainsi, comme le remarque Gustave Flaubert avec un œil aussi humide que lucide : « Les journaux n'ont pas dit toute la vérité. La voici : Madame Sand n'a reçu aucun prêtre et est morte parfaitement impénitente. Mais Mme Clesinger, par chic (et peut-être en haine de sa mère, afin de la contrarier jusque dans la mort), a télégraphié à l'évêque de Bourges pour demander des obsèques catholiques. L'évêque s'est empressé de répondre : “Oui.” Et le tour a été joué. Maurice, qui est maire du pays (point notable), a craint de faire scandale. » Dans cette même lettre adressée à Edma Roger des Genettes, Gustave Flaubert raconte cette journée placée sous le signe des larmes du ciel : « Il y avait beaucoup de monde à l'enterrement de George Sand, quinze personnes étaient venues de Paris. Il pleuvait à verse. Une foule de bonnes gens de la campagne marmottaient des prières en roulant leurs chapelets. Cela ressemblait à un chapitre de ses romans. » Mais un enterrement, c'est aussi l'instant de vérité où la langue clame la splendeur de son chagrin. Sur la tombe de George Sand, c'est une lettre de Victor Hugo qui est lue avec les mots les plus beaux : « Je pleure une morte et je salue une immortelle... George Sand était une idée ; elle est hors de la chair, la voilà libre ; elle est morte, la voilà vivante. »

La Route
de l'Immortalité

« Laissez verdure »

Au matin du 7 juin 1876, George Sand fait ses adieux à ses petites-filles avec ce simple message : « Soyez sages. » Elle demande qu'on place son lit de fer devant la fenêtre ouverte sur le parc, face aux deux cèdres qu'elle a plantés à la naissance de ses enfants. Le soir, parmi quelques autres, elle prononça, avant de rendre l'esprit, ces mots mystérieux et magnifiques : « Laissez verdure. »

le dernier Regard de George Sand
" Laissez verdure. "

Nous exprimons notre gratitude à madame Françoise Chandernagor, de l'Académie Goncourt, présidente du Comité du bicentenaire de George Sand.

À Georges Buisson, administrateur du domaine George Sand,
qui nous a ouvert les portes de Nohant.

À Jean-Yves Clément, créateur au pays de la Vallée noire des trois festivals dédiés à Sand, Chopin, Liszt.

Nous adressons nos remerciements à Alain Rafesthain, président du conseil régional du Centre,
à Louis Pinton, président du conseil général de l'Indre et
à Nicolas Forissier, député-maire de La Châtre.

Huile de George Sand par Auguste Charpentier, © AKG Paris.

Édition du Club France Loisirs, Paris
Avec l'autorisation des Presses de la Renaissance

Éditions France Loisirs,
123, boulevard de Grenelle, Paris
www.franceloisirs.com

Photogravure : Nord Compo, Villeneuve d'Ascq
Achevé d'imprimer et de relier par Mame à Tours, en France

ISBN : 2-7441-7032-1
N° éditeur : 39606
Dépôt légal : Février 2004

© Presses de la Renaissance, Paris, 2004.

Albert Grzymala
Flaubert
Louis Viardot
Chopin d'après G. Sand
George Sand 1864
Jules Sandeau en 1830
Alexandre Dumas fils
Tourguenier
Jules Sandeau en 1830
Solange Clésinger